그물에 걸린 욕망

정병옥 지음

그물에 걸린 욕망

모든 추락은 욕망의 빛을 따라간
존재의 자연스러운 귀결 조금은 슬프다

좋은땅

그물에 걸린 욕망

햇살 고운 아침
정어리 어망에
삼치 몇 마리
스스로 던진 질주의 끝에
어망에 걸렸다

푸른 바다 끝자락에서
눈부신 떼를 쫓다
자신도 모르게
운명을 문 것일까

한순간의 욕망
그 반짝이는 유혹이
어망에 부딪혀
파닥이는 침묵이 되었다

모든 추락은

욕망의 빛을 따라간

존재의 자연스러운 귀결

조금은 슬프다

지워지지 않는 발자국

하루에 하나
좋은 일을 꽃처럼 놓고 간다
누구의 눈에 띄지 않아도
바람은 그 향기를 기억한다

말없이 건넨 미소 하나
무심코 잡아 준 문손잡이
그 작디작은 실천은
단순한 흔적이 아니다

지나온 발자국은
시간 속에 묻히지 않는다
타인의 삶 속에 이어진다
비가 와도, 어둠이 와도
지워지지 않는다

선을 행한 자

그대의 하루가
누군가에게 따스한 봄이었다

소중함은 늘 늦게 온다

창문 너머로
바람 한 줄기 스쳐 가듯
그 사람도 그렇게 떠났다

매일 보던 미소
당연했던 말투
심지어는
잔소리 마저도 따뜻했음을

비로소
텅 빈 자리를 마주하고 나서야
알았다

있을 땐
그저 배경처럼 머물던 것
무심한 공기처럼 스쳐 가던 것들이
떠난 뒤엔

소중했다는 걸

사랑도, 시간도, 사람도
잃은 뒤에야 피는 꽃

소중한 것들은
언제나
한 발 늦게
가슴에 젖어 든다

설레임

그대가 스쳐 간 뒤
나는 이유 없이 창밖을 바라보았다
어디선가 꽃잎이 날리는 듯
낯선 향기처럼 스며드는 그 감정

이 감정이 사랑일까
아니면 사랑이 오기 전
마음이 미리 울리는 예감일까

설렘은
아직 이름 붙이지 못한 감정의 싹
햇살보다 먼저 피어나는
심장의 미세한 떨림

사랑은 때로
이 설렘을 따라온다
조심스레 다가와

마침내 '너'라는 이름이 된다

첫사랑

봄이면
나는 늘 그 아이를 생각한다
벚꽃 잎 같은 목소리로
처음 내 이름을 불러 준 그날을

우리는 서로를 모르면서도 좋아했고
알게 되었을 땐
이미 마음이 많이 자라 있었다

시간이 흘러
나는 어른이 되었고
그 아이는 소녀인 채로 내 안에 남았다

첫사랑은 때로 이름이 없다
그저 그리움이라는 이름으로 남아
가볍지도 무겁지도 않게
계절을 스쳐 간다

인과응보

눈먼 시간은
죄도, 선도 모른 채 흐르지만
행위는 말없이 그림자를 남긴다

좋아서 받은 것도
싫어서 겪은 것도
모두 너로부터 흘렀다

그러니
지금 네가 하는 모든 선택은
내일의 네가
감당할 존재의 무게

그대, 지금 이 순간
무엇을 뿌리는가?
그 씨앗은 언젠가
너의 하늘이 될 것이다

지키고 싶은 관계

오늘 내 마음은
조금 흐리다
말없이 스쳐 간 바람처럼

하지만 너에게는
햇살처럼 굴고 싶었다
내 흐림이 너의 하루를 덮지 않도록

기분은 지나가고
관계는 남으니까
나는 내 안의 파도를
한 걸음쯤 뒤로 물렸다

사람에게 닿는 건
늘 마음보다 태도이기에
나는 따뜻함을 입고
너에게 걸어갔다

기분이 태도가 되어
사랑을 다치게 하지 않게…

마음을 얻는다는 것

사람은 이성으로 설득되지 않는다
진심으로 공감받을 때
비로소 귀를 연다

세상은 자기를 알아 달라는
침묵의 외침으로 가득하고
그 외침에
따뜻이 귀 기울이는 이가 드물다

이름을 불러 주고
작은 수고를 기억하고
실수 앞에 면박보다
이해를 택할 수 있는 용기

그것이 곧
사람을 얻는 길이다

비판은 문을 닫고
칭찬은 마음을 연다
나를 내려놓을수록
상대는 스스로 다가온다

영향력이란
강요의 힘이 아니라
존중의 깊이다

그러니 말하기보다
먼저 들어라
지적보다
먼저 인정하라
승리보다
관계를 택하라

그러면
사람은 논리가 아닌
존중으로 움직인다는 것을
깨닫게 되리라

쓸쓸한 그대에게

향기 없는 꽃에
벌이 머물지 않듯
따뜻함 없는 마음엔
이웃도 그늘처럼 스며들지 않는다

덕이란
조용히 내어 주는 것
작은 미소 한 줌의 이해
먼저 내미는 손끝의 떨림이다

세상은 거울 같아서
그대가 비춘 그대로 돌아오고
이웃은 바람 같아서
따뜻한 곳에만 오래 머문다

그대여, 담을 허물고
작은 정 하나 건네 보라

부덕은 고독이 되지만
작은 덕은 천 가지 인연이 되리니

향수(鄕愁)

달빛 젖은 논둑길을
맨발로 걷던 기억이 있다
풀잎엔 이슬이 맺히고
개구리 울음이 밤을 쓸어내리던 날들

외할머니의 구수한 된장 냄새
가마솥에서 피어오르던 저녁연기
멀리서 개 짖는 소리 들리면
아이들은 제각기 어머니 품으로 달려갔다

무심한 들판엔 바람만 남고
세월은 그 자리에 발자국을 지웠지만
내 마음 한 자락엔
아직 그 마을이 산다

감나무 그늘 아래 숨었던 여름
우물가에서 퍼 올린 차가운 물 한 바가지

손등을 타고 흐르던 고향의 시간들이
지금도 목을 적신다

그립다
가 보면 없을 것을
가 보지 않아도 아픈 그곳
내 처음이 머문 자리

모성애

동물의 왕국
아프리카 세렝게티 평원에서
사자와 맞서 싸우는
어미 물소에게서
나는 나의 어머니를 보았다

젊은 나이에 혼자되어
어린 자식을 키워야 했던
나의 어머니

사자의 눈빛이 번개처럼 내리쳐도
그녀는 물러서지 않는다
피보다 짙은 본능
사랑이 뿔이 되어 하늘을 찌른다

이 땅은 약자를 삼키는 곳
하지만 오늘,

약한 것이 강해지는 이유를
어미는 몸으로 쓴다

부러져도 좋다. 찢겨도 괜찮다…
그녀의 모든 고통은
새끼 한 생명을 향한
무언의 기도다

사자도 물러나는 순간이 있다
그건 단순한 뿔의 힘이 아니다
목숨을 걸고, 끝까지 지키는
모성이라는 이름 앞에서

미움의 뿌리

누군가 미울 때는
그 사람이 아니라
내 마음이 다친 것이다

화살을 쏘기 전에
상처 입은 마음을 먼저
살펴보라

그 사람이 문제가 아니라
그를 바라보는
나의 틀이 문제일 수 있다

미움은
내 안의 슬픔이
입은 옷일지 모른다
타인을 향한 듯하나
사실은

자신을 향한 울음이니까

다툼은 겸손의 부재에서 시작된다

진리는 하나지만
그 모습을 보는 눈은 여럿이다

각자의 시선에서
세계는 다르게 굴절되고
그 굴절된 진실을
절대라 믿는 순간, 다툼이 움튼다

내가 옳음은
너의 그름을 전제로 삼고
그름은 다시
또 다른 옳음을 품고 있다

결국 다툼은
이해하려는 마음이 부족할 때
진실의 부재가 아니라
겸손의 부재에서 시작된다

기도는 소망이다

기도는
삶을 흔드는 외침이 아니라
내 안을 맑히는 침묵이다

무언가를 달라며
문을 두드리는 것이 아니라
그저 마음 깊은 곳에서
작게 피어나는 간절함

요구가 아닌
머묾이요, 기다림

기도란,
세상이 아니라
내가 변하기를 바라는
가만한 소망이다

인연의 본질

그대여,
나는 그대를 가진 적 없지만
한 번도 놓친 적도 없다

햇살이 나뭇잎을 스쳐 가듯
바람이 물결에 말을 걸듯
우리 인연도 그렇게
고요히 이어진다

소유의 언어로는
다 표현할 수 없는
그리움과 다정함으로
당신은 내 삶을 맴돈다

잡지 않아도 인연은 흐른다
마음이 머무는 곳에
이미 우리는 있다

닿지 않아도
닿아 있다

금전은 최고의 군주다

금전은 권력의 본질이며
보이지 않는 지배자의 얼굴이다

도덕과 정의조차
그 앞에서 균형을 잃고,
인간의 선택은
가장 현실적인 계산에 수렴한다

진정한 자유는
금전의 영향에서 벗어나는 것
그러나 우리는
그의 법칙 속에서 길을 잃는다

마음조차
그 앞에 고개 숙인다

죽음을 안은 삶

죽음이 계획에 있는 자는
삶을 낭비하지 않는다

유한함을 아는 이에게
시간은 소비가 아니라
선택이 되고

오늘의 말 한마디,
걸음 하나에도
깊이를 담는다

끝을 아는 자만이
진심으로 산다

원망을 내려놓으세요

가슴에 오래 묻어 둔 말
밤이면 저절로 떠오르는 얼굴
그 모두를 이제는 조용히 놓아주세요

바람은 지나간 자리를 탓하지 않고
강물은 바위를 원망하지 않고 흐르듯
그대도, 이제는 살며시 잊어도 괜찮아요

원망의 마음은 그늘이 되어
햇살 한 줄기도 막아서는 법
그늘진 곳엔 복이 머물지 않아요

복은 언제나 조용히 옵니다
감사하는 눈빛 따라
용서의 숨결 따라
말없이 짓는 미소 따라 흐르지요

그대 마음에 복이 내리기를

그 시작은

원망을 내려놓은 작은 용서에서부터…

기후의 경고

나는 말했지
처음엔 바람으로
다음엔 잦은 비로
그다음엔 사라진 계절로

그대는 듣지 않았지
녹아내린 빙하의 눈물도
꺼져 버린 숲의 비명도
타오르는 대지의 통곡도

나는 다시 말하지
폭염으로, 가뭄으로, 홍수로…
"이건 시작일 뿐"이라고

그대여, 아직 늦지 않았다면
귀 기울여라
이 마지막 경고를

숨 쉬고 싶다면

사랑은 날씨가 좋지 않아도 찾아가는 용기

날씨가 좋으면
찾아가겠다는 말은
사랑일까,
조건일까

계절은 늘 변덕스럽고
사람의 마음도 그러하니
우리는 누구도
완전히 향하지 못한 채
머뭇거린다

누구나
누군가의 안부가 되고 싶지만
문을 열어 다가가기엔
자신의 겨울이 너무 깊다

그래서 우리는

온기를 말하면서도
서로의 침묵을 더 잘 이해한다

그러나
어쩌면 사랑이란
날씨가 좋지 않아도
찾아가는 용기일지도 모른다

세옹의 말(馬)

말은 울타리를 넘고
사람은 운명을 넘는다
득실은 둘이 아니요
기쁨과 슬픔도 어깨를 맞댄 그림자

흘러가는 강물처럼
일어남도, 쓰러짐도
모두 한 몸의 파장일 뿐
어찌 한 순간을 영원이라 부르랴

행복은 불행의 옷을 입고
불행은 행복의 얼굴을 하고 오니
우리 어찌 함부로 판단하랴

그러니 그대여,
좋은 일이 와도 들뜨지 말고
나쁜 일이 닥쳐도 절망 말라

그 모두가

변화 속의 진리요

움직이는 도(道) 아니겠는가

너의 자리에서

나는 나를 기준 삼아
세상을 정렬해 왔다
언제나 중심은 '나'였고
그 바깥의 타자는
해석되어야 할 풍경일 뿐이었다

그러던 어느 날
너를 이해하려는 그 작은 시도가
나의 거대한 착각을 흔들기 시작했다

내가 너라면 어땠을까?
이 문장은
간단한 말 같지만,
그 속에는 존재론이 숨어 있다

나는 나의 경험 밖을
온전히 살 수 없다

그러나 역지사지는
그 한계를 직시한 채,
그 너머를 향해 나아가려는
윤리적 결단이다

너의 고통을 온전히 느낄 순 없지만
그 고통이 있음을 믿는 것
너의 세계를 이해할 순 없지만
그 세계가 유효함을 인정하는 것

이해하려는 의지
그 자체가 철학이며
그 마음이야말로
인간다움의 가장 깊은 뿌리다

타인은 결코 나와 같을 수 없기에
나는 더 조심스러워진다
그리고 그 조심스러움 속에
진정한 사랑이 시작된다

괜찮습니다

상대가 나를
좋아하지 않아도 괜찮습니다
햇살이 모든 창문을
동시에 비추지 않듯

사람의 마음은
머무는 곳이 다를 수 있기에요

나는 그저
나의 진심을 다했을 뿐이고,
그 진심이 닿지 못했다 하여도
진심이 아니었던 건 아니니까요

누구의 눈길이 머물지 않아도
한 송이 들꽃은 여전히 피어나고
아무도 들어 주지 않아도
시인은 시를 씁니다

그러니 괜찮습니다
사랑은 선택이고
존중은 내 몫이며
마음은 자유이기에

나는 오늘도
그저 나답게 살아가겠습니다
그것으로 충분하니까요

가까움의 역설

너무 다가가서
멀어진 것이다
사랑은 소유의 의지가 아니라
존재의 허용임을 잊은 채
나는 그대에게
의미로 다가가려 했다

그러나
존재는 닫힌 문이 아니라
스스로 열리는 창이다
억지로 열려는 손길은
오히려 마음을 닫게 만든다

관계란
거리를 유지하는 예술이며
그 거리 속에
자유와 그리움이 공존할 때

비로소 숨 쉴 수 있는 법

내가 너무 가까이 가서
그대는 스스로를 잃을까 두려워
멀어졌는지도 모른다

그러니 이제 나는
멀리서 그대를 바라보렵니다
말없이 피는 들꽃처럼
아무것도 바라지 않은 채

그대가 날 좋아하지 않아도

그대가 날
좋아하지 않아도 괜찮습니다
저녁 노을은
모든 이의 눈길을 받지 못해도
하루를 붉게 물들입니다

나는
그대 마음에 닿지 못했지만
한때의 설렘으로 충분했습니다
그대 웃음에 머문 바람 한 자락
내겐 계절처럼 소중했으니까요

사랑이 꼭
두 사람의 발걸음을
같이 맞춰야 하는 건 아니지요
한 사람의 그리움도
충분히 아름답습니다

그대가 내게
돌아서도 괜찮습니다
나는 여전히
그대를 향해 피어 있겠습니다
잊히더라도, 한때 꽃이었으니까요

사랑은 소유가 아니다

그대가 나를
좋아하지 않아도 괜찮습니다
사랑은 선택이지
요구나 의무는 아니니까요

존재는 그 자체로 완전하고
타인의 인정으로
의미를 얻는 것이 아닙니다
내가 느낀 감정은
내 안에 피어난 진실
그것만으로도
존재의 무게를 갖습니다

사랑은 흐르는 강물과 같아
잡으려 하면 흘러가고
그저 바라볼 때
그 진실을 깨닫게 됩니다

내 마음이 닿지 못한 것이
슬픔일 수는 있지만
그대의 자유를 침범하지 않기에
그것은 또한 고귀한 일입니다

그러니 괜찮습니다
그대가 나를 좋아하지 않아도
나는 다만
내가 사랑할 줄 아는 존재임을
확인했을 뿐입니다

절망이 부른 청년의 자살

아무도 몰랐다
그가 버린 것은
목숨이 아니라
덜 익은 희망이라는 걸

덜 익은 희망을
사람들은 '가능성'이라 불렀다
청년은 그 말을 믿고
밤마다 자기 가슴에 미래를 심었다

그러나 그 꿈은
물도, 햇살도 없이 자라기를 강요받았고
그는 날마다
조금씩 시들어 갔다

절망은
소리 없이 와서

매일 그의 등을 토닥였다
"괜찮아, 이제는 놓아도 돼"
그 말이
가장 따뜻하게 느껴진 날이었다

그는 스스로에게 작별을 고하며
마지막으로 창문을 열었다
그 빛이 눈부셔
차마 눈을 뜨지 못했다

세상은 여전하고
사람들은 바쁘고
그의 부재는
그의 존재만큼 조용했다

어쩌면 그는
죽음을 택한 것이 아니라
살 수 없음을 알았던 것일지도…

가슴이 너무 아프다

있을 때 잘해

존재는
언제나 사라진 후에야
그 본질을 드러낸다

우리는 지금을 살지만
늘 나중에 후회하며
지금 곁에 있는 이를
내일의 추억으로 만든다

시간은 흐르는 것이 아니라
쌓이는 것이다
하루의 무심함이 모여
이별이 되고, 공허가 된다

사랑은
있을 때 돌보지 않으면
상실의 화두가 된다

햇살이 따뜻하다는 걸
그늘이 되고 나서야 깨달았지
나는 몰랐어
그 햇살이 얼마나 귀한지
늘 있는 줄만 알고
감사의 말조차 아꼈지

이제서야 알겠어
가까이 있을 때
마음을 다해 바라보고
조용히 손을 잡아야 했다는 걸

그대의 미소가
시간의 선물이었다는 걸
떠난 후에야 깨닫는다

완벽의 그림자

완벽주의는 종종
도덕의 탈을 쓴 욕망이다
타인을 단죄하고
자신을 우월케 하려는 이성의 교만

비뚤어진 선 하나에도
인간의 온기가 배어 있건만
그는 그것을 틀림이라 불렀다

흠 없는 벽을 세우려다
스스로를 가둔 줄도 모른 채
자비 없는 정밀함을 인격이라 착각했다

완벽이란 이름 아래
가장 먼저 사라지는 것은
따뜻함이었다

그러나
부서진 마음 하나 품을 줄 아는
조용한 눈물이
인간성을 말해 주는 것이다

완벽이 아니라
사람 냄새 나는 결점들을 껴안는 용기
그것이 사람을 사람답게 하는 인간다움이다

기다림의 미학

좋은 일은
갑자기 오지 않는다

씨앗은 어둠 속에서
조용히 뿌리를 내리고
빛을 향해 꿈을 쌓는다

시간은 말없이
인내를 가르치고
슬픔도 잠시 벗 삼게 한다

봄은 겨울을 견딘 자의 것이고
꽃은 기다림 끝에 피어난다

그러니 조용히 기다려라
시간과 인내 없이
무엇도

참되게 오지 않는다

에너지 보존의 법칙

한 세계의 평형은
다른 세계의 불균형 위에 놓인다
강자의 낙원은
약자의 지옥에서 등가로 솟구친다

힘은 사라지지 않는다
억눌린 숨결은
권력의 언어로 전이되고
억눌린 등은
성공의 계단이 된다

기쁨은 타인의 고통에서
연소되어 나온 열,
찬란한 문명은
무너진 침묵의 잔해 위에 선다

세상은 묻지 않는다

무엇이 옳았는지
단지 계산한다
무엇이 남았는지를

에너지 보존의 법칙은
윤리의 법칙이 아니다
우리는 언제쯤
그 차이를 이해할까

극락강역

내가 사는 동네에는
극락강이 흐른다

강을 따라
옛 선비들의 쉼터 '풍영정'이 있고
강을 가로질러 기차가 다닌다

그 강가 기차역이
'극락강역'이다

기차와 함께
생각도 머무는 곳

기차여행과도 같은 우리네 인생
어느 역에서 내릴지 아무도 모릅니다

운명과 숙명으로 꼬여 버린 인생일지라도

그 종착역은
극락강역이었으면 좋겠습니다

행복의 조건, 당연함의 역설

우리는 종종
행복을 느끼지 못한 채
행복을 살아간다

지금 당신 곁에 있는
평범한 것들
지붕 아래 잠드는 일
따뜻한 목소리와 밥 한 그릇

그 모든 것이
철저히 '당연한 것'으로 분류된다

하지만
당연하다는 말은
곧 망각의 다른 이름

당신이 무심히 누리는 오늘은

어딘가의 누군가에겐
도달 불가능한 가능성이며
절실한 결핍이다

소유는 상대적이고
경험은 존재를 규정한다

그러나 '당연'은
한 인간의 시야 안에서만 성립하는
가변적 진리일 뿐

행복은 비교의 눈에선 흐려지지만
연민의 눈으론 더욱 또렷해진다

그러니 오늘
지금 이 순간
당신의 당연을
잠시만 귀하게 여겨 보세요

그건 누군가의

전부일 수 있으니까요

행복은
가진 것이 아니라
그것이 '행복'임을 아는 인식 속에
비로소 존재한다

삶과 죽음

삶은
사유와 경험이 교차하는 무대
죽음은
원래의 자리로 돌아가는 일

삶과 죽음은
두 개의 끝이 아닌
하나의 원

존재는
그 원을 걷는
사유의 발자국일지도 모른다

그러니 두려워 마라
가던 길이 끝나는 건
다른 길의 시작일 테니

내 삶을 사랑하게 하소서

내게 주어진 이 하루가
기적임을 잊지 않게 하소서

비 오는 날에도
햇살을 기다릴 줄 아는
마음을 주소서

남의 그림자에
나를 잃지 않게 하시고
있는 그대로의 나를
따뜻하게 품을 수 있게 하소서

무뎌진 꿈에도
조용히 숨 쉬는 불씨가 있음을 믿고
지나온 상처에도
감사의 꽃이 피게 하소서

내 삶이 작아 보여도
그 안에 우주가 숨 쉬고 있음을
알게 하소서

그래서 마침내
남의 삶이 아닌
내 삶을 사랑하게 하소서

만남의 얼굴

만남은
속보다 껍질을 먼저 본다
말보다 눈빛을,
진심보다 표정을 고른다

아름다움은
때로 진실보다 앞서고
겉모습은
내면의 문을 가린다

그래서 우리는
거울 앞에 머물고
자기 자신을
꾸미는 데 익숙해진다

만남은 외모를 보고 접근하지만
머무는 이유는

결국 마음이어야 한다

그걸 모른 채
겉에만 닿는 이들은
인생을 스쳐 보낼 뿐이다

남의 말에 휘둘리지 마라

그대,
바람이 스친다고
길을 바꾸지 마오

구름이 속삭인다고
하늘을 의심하지 마오

사람들의 말은
지나가는 바람과 같아
한순간 흔들려도
곧 사라지는 것이니

꽃은 누구의 말 때문에 피지 않고
새는 누구의 허락을 받아 날지 않듯
그대 마음도
그대 뜻대로 살아야 하오

남의 말에 마음을 내어 주면
그대는 그대가 아닌
그들의 그림자가 되리니

고요한 물처럼
자기 안의 소리를 들어
그것에 따라 흐르시오
그것이 진짜 삶이오

연정(戀情)

한 사람의 눈빛이
문득 내 안의 오래된 정적을 흔들 때
거기서 시작된다

이름도 이유도 없이
그 사람이 머문 자리에
내 마음이 먼저 다녀오는 것

계산도, 조건도 잊은 채
하나의 존재가
또 하나의 존재를 향해
조용히 기울어질 때

연정은
사랑 이전의 떨림이며
그리움 이전의 울림이다

어쩌면

이성이라는 이름으로

육체를 넘어

영혼이 기억하는 만남일지도 모른다

연민은 어디서 오는가

한때 나도
길을 잃은 적 있다

차가운 눈빛 속에
따뜻한 말 한마디 그리워하며

흙먼지 속에서 피어난
작은 들꽃 하나에
눈물 젖던 날들이 있었다

그래서 나는 안다
넘어진 이에게 손을 내미는 마음은
강함이 아니라
기억에서 온다는 것을

연민은
상처를 기억하는

영혼의 깊은 숨결이다

때가 되면

밤은 스스로 물러나고
꽃은 스스로 진다
누구도 그 흐름을
붙잡지 않는다

삶도 그렇다
머물 땐 머물고
갈 땐 간다

때가 되면
물은 바다로 흐르고
잎은 바람을 따라 날아간다
사람 또한 그러할 뿐

슬퍼할 것도
붙잡을 것도 없다

죽음은 끝이 아니라
자연의 한 숨결
돌아감일 뿐이다

기대는 실망을 부른다

기대란
내가 그려 낸 풍경 속에
다른 이가 들어오기를 바라는 일
타인의 자유 위에 세운
내 마음의 그림자다

내가 바라는 대로
세상이 움직이길 바랄 때
이미 고통은 시작된다

사람은 저마다의 시간에 살고
그 시간은
내 시간과 다르다

그래서일까
기대는 늘
실망이라는 이름으로

문을 닫는다

고독의 본질

인간은 태초부터
자기 자신을 마주하는 법을
두려워했다

그래서 이름을 만들고
신을 부르고
사랑을 외우며
침묵을 밀어냈다

고독은 부재가 아니다
존재의 가장 깊은 중심
그 누구도 대신 들어설 수 없는
사유의 방이다

허기를 채우려
군중 속을 떠돌고
불안을 덮으려

가벼운 대화에 자신을 흩트릴 때
존재는 서서히
자신의 근원에서 멀어진다

인간이 망하는 이유는
고독을 이기지 못해서가 아니라,
고독을 이해하지 못한 채
외로움으로 착각하기 때문이다

고독은 질문이다
나는 누구인가
그 물음 앞에서
고개 돌린 자
그가 진정 길을 잃은 자다

별을 보려면 어둠이 꼭 필요하다

밝음만을 좇는 자는
별을 보지 못한다

희망은 늘
어둠의 장막 너머에 숨어
고요히 자신을 드러낸다

빛은 스스로를 드러낼 수 없기에
그 배경으로 어둠을 택한다

삶도 그러하다
고통 없는 앎은 얕고
침묵 없는 깨달음은 흔들린다

가장 깊은 어둠이
가장 선명한 별을 불러내듯
고요한 슬픔 끝에서

희망은 반짝인다

대도시

숨은 쉬지만
숨이 막힌다

사람은 많지만
마음 둘 곳은 없다

고요는 없고
침묵도 시끄럽다

이 도시엔
외로움도 신호등을 기다린다

옳음의 착각

내 방식만 옳다는 생각은
때로 가장 교묘한 무지입니다

세상은
한 방향으로만 불지 않는 바람,
한 모양으로만 피지 않는 꽃입니다

내가 옳다고 매달릴수록
진실은 멀어지고
관계는 메말라 갑니다

길은 언제나
여럿입니다

무작정 당신이 좋아요

봄이 와서가 아니라
당신이 있어서 꽃이 핍니다
이유 없이
그냥
당신이 좋아요

논리로는 닿을 수 없는
어느 고요한 마음의 진실
그저 당신이라서
그 사실 하나로 하루가 빛나요

이유를 묻지 마세요
사랑은 이성보다
느낌이 먼저 도착하는 순수입니다

무작정 당신이 좋아요
이유는 몰라요

그냥 당신이라서 그래요

그저 흐르는 대로

올 것은 오고
갈 것은 간다
잡으려 애쓰지 않아도
인연은 제자리를 찾아 흐른다

꽃이 피면 향기로 머물다
바람 따라 지듯이
사람도, 마음도
머물다 떠나는 게 이치다

억지로 붙들면 상처가 되고
억지로 떠밀면 미련이 된다
그래서 나는
흘러오는 인연은 반갑게 맞고
떠나는 인연은 조용히 보내기로 했다

보존의 법칙

존재의 이름 없는 이름
그것은 질량이자 에너지

사라짐은 없다
다만 바뀔 뿐
별이 불타는 밤에도
잿더미 속에서도
그 본질은 남는다

죽음은 이동
소멸은 환생
변형은 존재의 언어다

그러니 안심하라
너의 눈물도, 너의 웃음도
우주의 기억 속에 남아
영원히 변주될 것이다

깊은 슬픔은 노래가 된다

너무 깊은 슬픔은
말이 되지 못하고
눈물이 되지 못해
그저 가만히 가슴에 머물다
어느 날, 조용히
노래가 된다

그건
슬픔이 곧 감각의 진실이며,
진실은 언제나 표현을 찾아 헤매기
때문이다

너무 깊은 슬픔은
더는 울 수 없어 노래가 되고
슬픔이 깊을수록 선율은 맑고
노래는 더 멀리 퍼진다

가장 아름다운 노래가
가장 아픈 기억에서 피어나고
가장 조용한 음률이
가장 깊은 상처를 품고 있다

그러니
이 세상 모든 노래는
한 번쯤 무너진 마음의
잔해로부터 태어난 것이다

동행

길 위에 두 사람이 있다
발끝은 나란하지만
생각은 서로를 지나간다
그것은 동행이 아니라
단지
나란한 고독일 뿐이다

같이 걷는다는 것
그것은 같은 풍경을 본다는 뜻이 아니라
같은 물음을 품는다는 뜻이다

"왜 걷는가?"
"어디로 가는가?"
그 질문이
서로의 침묵 안에서 울릴 때
비로소 우리는
같은 길 위에 서게 된다

동행은
몸이 아닌 마음의 동시성이다
물리적 병행이 아니라
존재의 공명이다

한 사람이 울 때
다른 이의 가슴이 젖는 것
한 사람이 웃을 때
다른 이의 가슴에도 햇살이 드는 것

몸이 아니라
마음이 함께 있어야
진짜 동행이다

절망을 박차라

추락은
항상 아래로만 가는 것일까
중력의 언어 속에도
자유의 문장이 숨어 있다

떨어진다는 건
붙잡았던 것을 놓았다는 뜻
무게를 포기한 자만이
비로소 바람과 대화할 수 있다

낙엽은 가지에서
쫓겨난 것이 아니라
더 넓은 하늘을 선택한 것이다
새는 날기 위해 뛰어내리고
별은 스스로 무너져야
빛을 낸다

떨어짐은 패배가 아니라
다른 방식의 비상이다
땅을 향한 길에서조차
의식이 하늘을 품을 수 있다면
그것이 날개다

그러니
낮아지는 것을 두려워 마라
고통은 깊이를 주고,
낙하는 방향일 뿐,
운명이 아니다

그리움이 남는 사람

너는 떠났는데
어딘가 아직 내 하루에 머문다
목소리는 사라졌고
손끝도 닿지 않지만
생각은 자주
너에게서 시작된다

잊으려 하면
더 또렷해지는 얼굴
지우려 할수록
더 따뜻해지는 기억

그리움이 남는다는 건
사랑이 끝나지 않았다는 증거다
끝났다는 사실조차
너의 흔적 없이는 말할 수 없기에

그래서 오늘도
나는 네가 없는 하루에
너를 닮은 햇살을 꺼내어
조용히 안는다

마흔 살의 얼굴

스무 살엔 얼굴이 말했고
서른 즈음엔 옷차림이 설명했지만,
마흔을 넘어서면
사람은 태도로 읽힌다

겉모습은 이제
처음을 열 뿐
그 뒤는
눈빛과 말투가 이끌고
침묵과 분위기가 마무리한다

외모는
가꾸면 반짝일 수 있지만
말투는
품격을 거르고 나와야 하며
분위기는
오래 묵은 내면에서 피어난다

살아온 방식이
걸음걸이에 묻고,
품어 온 생각이
눈가에 스민다

마흔 이후의 아름다움은
보이는 것이 아니라
풍기는 것

누군가 옆에 있고 싶은 사람은
잘난 사람이 아니라
편안한 사람이다

그리하여 오늘도 나는
거울보다 마음을 다듬는다
빛나는 얼굴보다
깊어지는 사람이 되고 싶어서

공짜는 없다

햇살은 거저 비치지 않는다
그 따뜻함은
밤의 긴 냉기를 견딘 대가다

누군가의 미소 뒤에는
보이지 않는 고단함이 있고
값없이 주는 친절에도
시간과 마음이 담긴다

세상은
보이지 않는 저울을 들고 있다
주는 만큼 받고
받는 만큼 책임진다

입에 들어온 한 조각 빵에도
누군가의 땀이 묻어 있다
공짜란 말은

언제나 빛의 다른 이름이다

걸림돌

길이 막힌 줄 알았다
누군가 방해한 줄 알았다
세상이 날 밀어낸다고
수없이 원망했다

그런데 돌아보니
넘어진 자리마다
서 있던 그림자는
늘 나였다

두려움, 자격지심
게으름, 완벽주의…
내가 만든 벽들이
내 앞을 가로막고 있었다

남 탓하기엔
내 마음의 돌부터 치워야 했다

가장 높은 벽은
안에서 쌓인 벽이었다

넘어야 할 산은
세상이 아니라
나였다

미워하지 마라

물결이 산을 미워하겠는가
그저 흐를 뿐이지

그가 차가운 말로
그대 마음을 할퀴어도
그것은 그의 날씨일 뿐
그대의 계절은 아니다

꽃이 벌을 피하지 않듯
피곤한 인연에도
그저 조용히 피어나라

미움은
타인의 것이니
그대는 품지 말고
그저 흘려보내라

가끔은
적당히 멀어져도 된다
거리는 사랑을 지키는 방법이기도 하니까

녹명(鹿鳴)

사슴이 먹이를 발견했을 때
동료에게 알리는 울음 소리를
녹명이라고 한다
나만 먹는 것이 아니라
함께 먹자는 소리

인간은 종종
발견하고, 숨기고, 독점한다
그러나 사슴은
발견하고, 부르고, 나눈다

왜 우리는 울지 않는가?
사슴은 왜 나누는가?

녹명은 단순한 울음이 아니다
그것은 우리가 어떻게 살아야 하는가
함께 살아간다는 것이 무엇인가에 대한

자연의 오래된 철학적 대답이다

배려는 따뜻하다

배려는 소리를 내지 않는다
길을 비켜 줄 때도
창문을 닫아 줄 때도
말없이 다가와 조용히 머문다

비 오는 날
내 우산 반을 내어 주는 일
힘든 친구의 말을 끝까지 들어 주는 일
그건 큰일이 아니라
마음이 전해지는 작은 온기다

배려는 정면에 있지 않고
곁에 있다
먼저 걷지 않고
옆에서 함께 걷는다

겨울날

장갑 없이 나선 손을
자기 주머니에 넣어 주는 마음
그게 배려다

배려는 때로 작아서
모르고 지나칠 수도 있지만,
마음속에 오래 남는다
따뜻한 기억으로

진짜는 곁에 스민다

반질반질 윤이 나는
사과를 베어 물었더니
속은 시고 텄고
씨만 멀쩡하더라

허름한 옷을 입은 사람은
말끝마다 햇살 같고
눈빛은 고요한 강 같았지

빛나는 것은
늘 진실을 가리지
보석도 유리도
햇살 아래선 다 반짝이니까

사람을 볼 땐
겉이 아니라
그가 건네는 말과

그 말 사이의 침묵을 보아라

진짜는
눈에 띄지 않고
곁에 스민다

생각만 해도 눈물이 나는 사람

당신을 떠올리면
가슴 깊은 곳에서
울컥함이 올라옵니다

당신 것은 늘 미루고
내 일을 제일 먼저 챙기던 손
한 끼를 굶어도
내 배고픔은 못 본 체 못 하던 눈

누가 보지 않아도
끝까지 바르고
누가 알아주지 않아도
끝내 따뜻하던 마음

자신을 태워
나를 덥히고
자신을 깎아

나를 일으키던 삶

당신은 웃었지요
"나는 괜찮다"는 말로
그러나 그 웃음 끝엔
말하지 못한 고요한 고통이
있었음을 압니다

나는
당신을 떠올리면
눈물이 먼저 납니다

고맙고 미안해서
닿을 수 없어서
그 마음을
이제야 조금 아는 것 같아서

당신은
별처럼 멀어졌지만
그 빛 하나

아직도 내 삶을 비춥니다

선한 영향력

한 마디 다정한 말
한 번의 따뜻한 손길이
보이지 않는 파동이 되어
누군가의 마음에 번진다

그는 모른다
자신이 바꾼 하루를
하지만 누군가는
그 하루로 다시 일어선다

선한 영향력이란,
거창한 힘이 아니라
진심이 스친 작은 물결이
멀리 퍼지는 일

어린왕자가 본 어른들

어른들은
늘 바쁘대
무엇이 바쁘냐고 물어보면
"중요한 일"이래

그 중요한 일은
돈을 모으는 거고,
높은 자리에 오르는 거고,
남보다 앞서는 거래

근대 나는 봤어
달팽이는 천천히 가도
늘 제 집을 지켜
꽃은 아무데도 가지 않아도
세상을 환하게 해

어른들은

웃을 시간이 없대
나는 물었어
"왜 어른이 되면 마음이 작아져요?"
아무도 대답하지 않았어
다들 바쁘다며
또 어딘가로 가 버렸거든

나는 가끔
어른들은 별에서 왔다가
길을 잃은 건 아닐까 생각해
너무 바쁘게 걷다가
자기 별을 잊어버린 거 아닐까?

미쳐야 도달한다

지나치게 이성적인 자는
결코 벽 너머를 보지 못한다
세상은
미쳐야 보이는 것이 있다

플라톤의 '신적 광기'처럼
위대한 철학자와 시인과 성인은
모두 한 번쯤
상식을 넘는 열정에 불탔다

도달한다는 것은
가 보지 않은 세계에
몸을 던지는 일이다
스스로를 불태우는 자만이
어둠을 밝히는 불이 된다

이성은 길을 그리지만

광기는 그 길을 걷게 한다
진리는 때때로
광기의 심연에서 고개를 든다

그러니
미쳐야 한다
사유에 미치고
사랑에 미치고
무의미의 두려움을 넘어
의미를 낳는 열정에 미쳐야 한다

그때
우리는 도달한다
이성과 광기의 경계 너머
존재의 가장 깊은 곳에

대화의 기술

말 사이의 침묵에
표정 너머의 감정에
그의 "진짜 말"이 숨어 있다

고치려 말고
이해하려 하라
승리하려 말고
이어지려 하라

조용히 들으면
그의 마음이 들리고
진심으로 바라보면
내 말은 닿는다

대화란
마음을 건네는 일
그러니 부드럽게

그리고 천천히

존재의 변증법

나는 낯선 언어를 배우지 못했다
그 언어는
돈으로 말하고
거짓으로 숨쉬며
침묵으로 복종한다

나는 존재한다
거기에 내가 던져졌기에
되묻지 못한 채
진실은 회피로, 감정은 기능으로
의미는 가격표로 교환된 시대에

나는 그 낯선 언어를 거절했다
그래서 고립되었고
그래서 아팠다
그래서 철저히 외로웠다

사르트르가 말했지
인간은 자유의 형벌을 받는다고
나는 알고 있다
자유는 무겁고
그 무게는 때때로 고독을 부른다는 것을

그러나 나는 묻는다
고독 속의 진실과
소속 속의 위선 중
어느 것이 더 나를 인간답게 만드는가?

삶의 모순

살아 보니
가까울수록 멀어졌고
믿을수록 상처 났다

사랑해서 멀어졌고
미워하면서 그리웠다

진실은 아팠고
거짓은 따뜻했다

삶은 논리의 반대편에 있었고
감정은 수학처럼 나눠지지 않았다

그것이
살아간다는 것이라면
나는 흔쾌히
그 어지러움을 견디겠다

사랑이 아픈 이유

사랑이 깊어질수록
나는 나를 덜고 너를 담았다
사랑이란 이름 아래
나를 너에게 이식했고
내가 아닌 '우리'가 되었다

이별이 그래서 더 아픈 거다
단지 누군가를 잃은 게 아니라
그 안에 살아 숨 쉬던
너라는 나의 상실
나의 한 조각이 찢겨 나간 것이기에

그래서
더 많이 사랑한 자는
더 많이 자신을 잃고
더 많이 아프다

길 위의 청년에게

아직 꽃 피지 않는 나무여,
봄은 네 안에 숨어 있다
세상은 바람을 보내고
햇살은 아직도 너를 찾고 있다

넘어진 자리마다
배운 것들이 자라고
흙 묻은 두 손에
내일의 씨앗이 들려 있다

누구도 단숨에 날지 않는다
누구도 처음부터 답을 안 건 아니다
흔들리는 지금
그게 바로 자라는 순간이다

기회는 늦게 오는 법
하지만 올 것은 반드시 온다

문이 닫히면 창을 두드리고
길이 끊기면 너 스스로 길이 된다

포기란 말은 잠시 넣어 두고
오늘도 너를 믿어라
너는 아직 길 위에 있다
그 길은
너를 어디든 데려갈 수 있다

가장의 욕망

나는
명품 자동차를 원한다
정확히 말하면
그것을 타고 있는 '나'를 원한다

욕망은 종종 대상을 빌린다
그 자체가 목적이 아니라
그것을 통해 도달하고픈
존재의 모양
나의 위치
세상의 응시 속에 선 '나'의 윤곽

욕망은 결핍의 다른 말이다
내면의 구멍은
대체로 가격표를 달고 있다
값으로 환산될 수 없는 자존은
그래서 값비싼 외피를 찾는다

명품 자동차를 타고 싶은 나의 욕망
나는 나의 욕망을 부끄러워하지 않는다

그것은
허영이 아니라
존재의 자리 하나쯤을
되찾고 싶은
아빠이고 남편이기에

그 사정 너머

말 한 마디가
날카롭게 스쳐도
그 뒤에 가려진 사정은
우린 다 알지 못한다

무뚝뚝한 인사 뒤엔
밤새 운 얼굴이 있었고,
화를 내던 그 사람 마음속엔
말 못 한 외로움이 숨어 있었다

어쩌면,
서로를 미워한 게 아니라
몰라서 오해한 것일지도 모른다

공손하지 않은 말투 뒤에는
깨지기 쉬운 자존심이 있고
상처 주는 행동 속엔

먼저 상처받은 이가 있다

누구도 이유 없이
차가워지지 않는다
모두는 자기를 지키느라
때로 모진 모양이 된다

속사정을 알고 나면
우리의 분노는 조용해지고
이해는 천천히 고개를 든다

그래서, 사랑은
먼저 말 거는 용기가 아니라
먼저 들어 보는 마음이다

그 마음을 가진 이에게
이 세상은 조금 덜 날카롭고
조금 더 따뜻해질 것이다

필요악이 되어 버린 종교

신은 말이 없다
하지만 사람은 듣는다
자기 안의 두려움과 소망을
그 이름으로 번역하며

하늘은 하나지만
기도는 수만 갈래
그리고 그 갈래마다
우리는 옳다고 외친다

종교는 처음
고통 위에 세워졌다
죽음의 이유를 묻는 입술 위에
삶의 위안을 덧칠하며

그러나 신의 이름 아래
불은 켜지지 않고

칼이 들렸고
사람은 사람을 향해
구원을 강요했다

십자가든 초승달이든,
불꽃이든 조용한 명상이든,
모두 진리의 가면을 썼지만
진리는 침묵하고
사람만 외쳤다

"너는 틀렸다"

그래도 종교는 남는다
그것이 거짓이라도
의미 없는 환영이라 해도
우리는
혼자서는 끝을 견딜 수 없는
나약한 인간이기에

느지막이 하는 이웃 사랑

사랑이
머리에서 가슴으로 내려오는 데
많은 시간이 걸렸다

그동안 나는
이해하려 했고
측정하려 했고
내 계산 안에
누군가를 넣으려 했다

하지만 사랑은
셈이 아니라 손이었고
말이 아니라 발이었다

지치고 어두운 곳으로
먼저 걸어 들어가는 것
내가 아니라 너를

먼저 앉히는 것

그제야 나는
기도보다 따뜻한
손 한 번의 힘을 알았다

사랑은 결국
위로 향하는 것이 아니라
조용히
낮아지는 일이었다

가장 밑바닥에서
한 사람의 고통을
제일 먼저 껴안는 것

그게 사랑이었다
머리가 몰랐던
가슴의 언어였다

말(言)에는 무늬가 있다

잔잔한 물결처럼
그의 말이 내게 닿았다

무심한 듯 건넨 한마디
그 안에 따뜻한 바람이 들었다

조금은 서툴고
조금은 맑았다

말은 귀에 닿으면
마음의 무늬를 남긴다
그 말 속에서
나는 그의 마음을 보았다

숨기려 한 슬픔
머뭇거리는 다정함

말은 스쳐 가지만

그 마음은

내 안에 머문다

시절 인연

한 사람을 만나
꽃이 피었다

계절은 그를 데려오고
바람은 그를 데려갔다

머물던 자리엔
따뜻한 흔적 하나
차마 지우지 못한 채 남아

그때의 하늘
그때의 웃음
모든 게 그 사람 같아지는 오후면

우린 서로를
잊지 않는 방식으로
조용히 지나친다

시절이 인연을 낳고
인연이 시절이 된다

그리움도 결국
한때 곁에 있었던
아름다운 이름

물처럼 살아라

물은 흐른다
굽이굽이
돌을 만나면 돌아가고
벽을 만나면 스며든다

억지로 부딪지 않고
모난 곳을 감싸며
스스로를 깎지 않는다

그러나 그 유연함이
결코 나약함은 아니니
천천히 그러나 끝내
바위를 뚫는다

물처럼 살아라
순응하되 굴복하지 말고
흐르되 잃지 말아라

너의 깊이와 너의 길을

잘 풀릴 때를 조심하라

역경은
삶이 나를 시험하는 시간이다
그러나 번영은
내가 나를 속이는 시간이다

고통 속에선
한 걸음마다 의미를 묻지만
형통의 길에선
방향조차 잊는다

잘 풀릴 때,
그것은 외부의 호의이지
내 실력의 증명이 아니다
우연히 열리는 문을
운명이라 착각할 때
비극은 조용히 시작된다

진실은 늘
모자람 속에 숨어 있고
지혜는
불편함의 끝에서 피어난다

그러니
꽃이 피었다고 방심하지 마라
열매는
가장 무거운 순간에 떨어진다

인생은 소풍

인생은 소풍입니다
도착지가 없는
길 위의 노래입니다

누구는 꽃을 꺾고
누구는 구름을 따라가며,
웃고 떠들다
잠시 풀밭에 눕기도 하지요

일하러 온 것도 아니고
성공하러 온 것도 아닌데
우리는 자꾸
짐을 싸고 무게를 늘립니다

가벼운 마음 하나면
충분한 길
손에 바람을 쥐고

발엔 햇살을 담으면 그만이지요

꽃보다 늦게 피어도 좋고
길을 잠시 잃어도 괜찮습니다
중요한 건
같이 걷는 사람의 손을 놓지 않는 것

오늘 하루
당신의 소풍은
충분히 아름다웠습니다

습관

처음엔
작은 마음 하나였습니다
조금만, 단 한 번만

욕망은 달콤한 말로 다가와
손끝을 잡고
눈을 감게 했지요

그렇게 하루
또 하루가 쌓이면
타협은 습관이 되고
습관은
내 마음에 조용히 눌러앉아
물처럼 스며듭니다

무엇이 옳았는가보다
무엇이 편한가에

자꾸만 기울어지는 나날들

습관은 조용히
그러나 확실하게
사람을 만들고 무너뜨립니다

생각은 존재의 나침반

생각은
존재의 나침반이다
그것을 잃으면
우리는 단지
흐름 속의 조각에 불과하다

살아간다는 것
그저 호흡하고 소비하며
주어진 규칙에 따르는 일이라면
사유는 왜
존재의 특권으로 주어졌을까

생각대로 살지 않으면
살아지는 대로 생각하게 된다
이 말은 단순한 경고가 아니라
그것은 인간이
도구가 아닌 주체로 남기 위한

철학적 전제다

자신의 생각으로
자신의 길을 가는 자만이
자신을 산다
그 외의 삶은
살아지는 것일 뿐
존재하지 않는 것이다

침묵도 말이다

아무 말 없어도
전해지는 것이 있다
눈빛 하나,
긴 숨결 하나에
천 마디가 숨어 있다

침묵은 비겁함이 아니라
때론 가장 단단한 용기,
지키고 싶은 마음의 방패다

소란 속에서는
진심이 들리지 않기에,
그는 고요 속에서
가장 큰 말을 건넨다

말은 때로 진실을 가리고,
침묵은 때로 사랑을 드러낸다

들리지 않아도 느껴지는 말
그게 침묵이다

그냥 두세요

안 되는 일은
그저 그 자리에 두세요
억지로 껴안다 보면
마음만 멍이 듭니다

바람이 불면
나뭇잎이 떨어지듯
인연도, 계획도
그럴 때가 있는 법이니까요

물은 거슬러 흐르지 않고
해는 억지로 떠오르지 않듯
삶엔
내려놓아야 비로소 오는
평온이 있습니다

붙잡지 마세요

때로는 놓는 것이
지혜이고,
그렇게 비워야
다시 채워집니다

기다린다고 모두 꽃 피지 않고
애쓴다고 모두 열매 맺지 않듯
안 되는 일은
그저
그렇게 두는 겁니다

그리고 조용히
당신의 오늘을 살아가세요
그것이면 충분합니다

아름다움과 추함

아름다움은 본질에 가깝고
추함은 외면에 집착한다

아름다움은 존재의 이유를 묻지 않는다
그 자체로 의미이기 때문이다
들풀 하나, 주름진 손등, 침묵하는 눈빛조차
진실하면 아름답다

추함은 의미를 증명하려 든다
외형을 꾸미고, 비교를 세우고
가치의 저울 위에 자주 오른다
그러나 그 무게는 자주 가볍다

아름다움은 고요히 사유하게 하고
추함은 시끄럽게 반응하게 한다
아름다움은 "보는 자의 깊이를" 깨우고
추함은 "보이는 것의 얕음을" 드러낸다

칸트는 말한다
아름다움은 목적 없음의 목적성,
그러니 설명할 수 없어도 느낄 수 있다

플라톤은 말한다
아름다움은 진선미의 그림자,
영혼이 기억하는 원형의 흔적이다

결국
아름다움은 존재의 진실과 가까운 형상이며
추함은 진실에서 멀어진 욕망의 표정이다

늘 마음에 머무는 당신

당신은
내 마음 깊은 곳에 핀
작은 들꽃 하나입니다

지나가는 연인들 속에서도
나는 늘
당신을 기억합니다
말없이 건네던 눈빛
가만히 머문 온기 하나까지

소중함은,
잊히지 않는 데서 비롯되고
기억은,
그리움의 또 다른 이름이지요

비 오는 날 창가에 기대어
당신을 떠올립니다

마음 한구석에
언제나 조용히 살아 있는
당신이라는 이름

당신은
내 마음에 가장 조용히 머무는
봄날 같은 사람입니다

화가 났을 때는 멈춰라

화가 났을 때는
말도 칼끝처럼 날카롭고
마음은 불처럼 타오른다

그 불 속에서 내리는 결정은
당신이 아닌 분노가 대신 내린다

잠시 멈춰라
달도 흐린 밤엔 물 위에 비치지 않듯,
감정이 거셀 땐 지혜도 자취를 감춘다

물결이 잦아들기를 기다려라
감정이 가라앉은 뒤에야
비로소
진실이 고요히 떠오른다

분노는 지나가고

결정은 남는다

세상의 불우는 천재성의 숙명이다

진실은 언제나 시대보다 느리게 도착한다
그러나 천재는 그 진실을 먼저 본 자다

그의 고독은 회피가 아니라
세상과의 깊은 불화에서 비롯된 사유다

환영받지 못한 생각, 거슬리는 질문들,
익숙함을 의심하는 눈빛
그 모든 것이 불우의 옷을 입는다

다수의 기준에 맞지 않는 자는
늘 소수로 남는다
그러나 그 소수가 진보의 불씨다

천재는 편안함보다 진리를 택하고
박수보다 침묵을 견딘다
세상이 감당하지 못한 그의 빛은

시간이라는 심판대에서 비로소 드러난다

불우는 실패가 아니다
그것은 앞서간 자의 흔적이다

조용한 위로

깊은 밤은
반드시 새벽을 품습니다

기쁨이 넘치면 그늘이 피어나고
슬픔이 가득하면 한 줄기 빛이 틈을 엽니다

세상은 언제나
너무 멀리 가지 않으려
돌고, 맴돌며,
스스로를 다독입니다

당신의 눈물도
머지않아 미소로 번지고,
지친 마음의 끝에서도
새로운 숨이 시작됩니다

그러니 그대여,

너무 아파하지 말아요

성장통

아프지 않다면
깊어질 수도 없지

눈물이 고인 곳에
마음은 뿌리내리고

버틴 자리마다
너는 조금 더 단단해져

살아 있다는 건
가끔은 무너지는 것이고
그 무너진 마음 위에
진짜 너라는 꽃이 피는 거야

엇갈린 사랑

너는 꽃일 때
나는 먼 산의 눈이었고

내가 빛날 때
너는 지고 있었다

애틋함은
머물 줄 모르기에 애틋하고

사랑은
인연의 끝에서야 비로소 깊어진다

조금만 틀어도

햇빛은 같은 자리에서 뜨고
구름은 늘 제멋대로 흘렀다
세상은 변한 게 없는데
왜 나는 늘 힘들었을까

문득, 고개를
조금만 틀었더니
그늘이라 믿었던 곳에
빛이 머물고 있었다

고집처럼 붙들던 생각을 살짝 내려놓자
세상은
내 편이 아니어도 그리 나쁘진 않았다

바라보는 시선을 조금만 바꾸면
문도 열리고
마음도, 조금은 가벼워진다

너의 길을 가라

저마다 다른 씨앗으로
다른 계절을 살아간다

해바라기는 해를 따라 피고
달맞이는 밤을 기다린다

너는 너의 빛으로 충분하다
남의 태양에 눈멀지 마라

물은 흐르며 스스로 길을 낸다
비교는 그 흐름을 막는 둑이다

남의 잣대는 남의 삶일 뿐
너는 너답게 피어나면 된다

너의 걸음엔
너만의 음악이 흐른다

길을 걷는다는 것

길을 걷는다는 것은
존재를 사유하는 일이다

발걸음 하나에 시간이 깃들고
침묵 속에 내면의 우주가 흔들린다

가는 곳이 목적이 아니라
걷는 나 자신을 묻는 것
그 물음이 곧 철학이다

도는 저 멀리 있는 진리가 아니다
지금 이 순간
바람과 함께 걷는
무심한 나의 행위 속에 있다

시는 그 물음의 잔향
말로 다다를 수 없는 것들이

조용히 피어나는 자국이다

그러니
길을 걷는 모든 순간은
곧 존재의 시이며
깨달음의 흔적이다

세상을 비관하지 말라

비관은 완성된 해석이다
더는 묻지 않겠다는 선언
가능성을 닫는 철문이다

그러나 세상은 완성되지 않았다
칸트는 말했지,
우리는 사물 자체를 결코 다 알 수 없다고

불안정한 인간이
불안정한 세계를 살아가며
완전한 절망을 말할 수는 없다

고통은 현상의 일부
그러나 의미는 해석의 산물
니체는 절망 속에서도 춤을 추라 했고
노자는 고요한 흐름 속에서 답을 찾는다

그러니
세상을 비관하지 말라
그대의 사유가 멈추는 곳에
삶의 다른 진실이
막 피어나고 있을지 모른다

인과의 꽃

고운 말 한 마디
세상의 벽을 허문다
남 몰래 내민 손끝이
운명의 문을 두드린다

세상은 종종
힘센 자를 따르는 듯 보여도
깊은 곳에서 움직이는 것은
진심 어린 마음이다

한 번의 양보
한 번의 미소
그 안에 씨앗이 자란다
생각지 못한 복이 꽃피는 자리

착한 마음은 향기처럼 퍼져
사람과 사람 사이에

보이지 않는 다리를 놓고
그 다리 위로 기회가 걸어온다

세상은 결국
진심을 기억한다
고운 성품은 언젠가
가장 아름다운 문을 열어 준다

우연처럼 보이는 기회는
착한 마음이 준비한
인과의 꽃

그냥 주고 싶은 사랑

바람은 자꾸만 너의 쪽으로 불었다
나는 나뭇잎처럼 그 바람에 기울었고
마침내 내 하루의 중심은 너로 바뀌었다

사랑은 손해라고 사람들은 말했지만
나는 숫자를 세지 않았다
시간을 투자했고, 자존심을 놓았고
내가 가진 것을 하나 둘 내어 주었다

그런데 이상하지,
나는 텅 비어 간 게 아니라
오히려 너로 가득 찼다

언젠가 너는
아무 말 없이 떠날지 모르지만
그날에도 나는
기꺼이 비 맞은 들꽃처럼

고개를 들어 너를 바라보리라

사랑이란
져 주는 게 아니라
내가 이기고 싶지 않았던 단 하나의 전쟁,
그냥 주고 싶은 마음
그게 사랑이니까

캥거루 세대

몸은 다 컸지만
지갑은 아직 엄마 뱃속에 있다
자립은 꿈이었고
현실은 월세와 취업난의 협공

문 앞까지 나섰다가
다시 돌아오는 자식들
'괜찮다'는 말엔
서로의 미안함이 숨었다

부모는 품을 내어 주고
자식은 등을 내밀지 못한다
이제는
어른이 되기에도 허락이 필요한 시대

캥거루는 뛸 수 있어도
주머니에서 나올 수는 없다

그곳은 따뜻하고
세상은, 조금 너무 차가우니까

말의 칼날

웃으며 던진 그 한마디,
나는 웃지 못했다
장난이라며 툭 내뱉는 말이
가슴속 깊이 비수처럼 꽂혔다

말은 바람 같아서
지나가면 잊힐 줄 알았는데
그 바람,
자꾸만 속을 헤집는다

친구라는 이름으로
너무 쉽게 허락된 상처
그 무심함이
더 서럽고 더 아프다

듣는 귀도 마음인데
왜 너는

네 입만 진실이라 믿는 걸까

나는 이제
너와의 거리두기로
너의 웃음 속 칼날을 피하려 한다

인연의 끝에서

애썼다, 정말
마음을 다 쏟아 부었고
말도 조심했으며
침묵마저 사랑이라 믿었다

그러나
물이 다 마른 강바닥에
배를 띄운다 한들
어디로 가겠는가

인연이 다한 자리엔
붙잡는 손마저 상처가 된다
억지로 웃는 얼굴은
울음보다 더 서럽다

우리라는 이름이
더는 서로를 품지 못할 때

놓아주는 용기만이
남은 따뜻함을 지킨다

가는 인연은 보내되
미워 말자
남은 길은
각자의 평안으로 채우자

정의는 사람입니다

정의는
차가운 법조문 속에 숨지 않습니다
길 잃은 이의 눈물 옆에 서 있고
말 없는 약자의 침묵을
대신 말해 주는 것입니다

정의는
내 몫만 따지는 계산이 아니라
그 몫이 왜, 누구에게
어떻게 주어져야 하는지를
함께 묻는 일입니다

그것은
자유라는 이름 뒤에 숨어
무관심을 합리화하지 않고
공동선을 위해
나도 책임이 있다는 걸

깨닫게 합니다

정의는 논쟁이 아니라
살아 있는 선택이며,
사람을 향해
조금 더 가까이 다가서는
용기의 다른 이름입니다

정의는 결국,
사람입니다
사람을 어떻게 대할 것인가에 대한
아주 오래된 물음입니다

갈대도 흔들려야 노래를 얻는다

흐르지 않는 물은 맑을 수 없다
햇살도 바람도 그 표면만 스치고 지나간다

움직임을 멈춘 순간 삶도 숨을 죽인다
한때는 맑았던 마음도
제자리에만 머물면 스스로 탁해진다

지식도, 권력도, 사랑도
흐를 때 비로소 살아 있고
나눌 때 비로소 맑아진다

고인물은 썩는다
변화를 두려워한 대가,
안정을 고집한 오만의 끝

진실은 늘
흐르는 물 속에 있다

갈대도 흔들려야 노래를 얻는다

진심은 반드시 통한다

돌에 새긴 글씨는
비에 씻기지 않는다

진심도 그러하다
당장은 몰라도
세월의 바람 속에
한 글자씩 드러난다

거짓은
빛난다 해도 가볍고
진심은
무겁다 해도 끝내 가 닿는다

말이 막혀도 눈빛이 먼저 닿고
시간이 흘러도
마음은 마음을 알아본다

진심은 씨앗 같아
흙 속에 숨어 있다가
때가 되면
그 마음 위에 꽃을 피운다

그러니
서둘지 말고, 흔들리지 말고
그대를 지켜라

진심은
반드시 통하니까

조용한 배려는 인연을 부른다

빛나지 않아도
따뜻한 손길이 있다
말없이 건네는 물 한 모금처럼
조건 없는 배려는
마음을 적신다

계산 없는 미소가
문을 열고
먼 길 돌아온 이에게
쉼이 되어 준다

굳이 다 주지 않아도
작은 따뜻함 하나가
인연을 불러
꽃이 핀다

좋은 인연은

크게 외치지 않는다
다만,
먼저 내민 마음에
천천히 다가올 뿐

배려는
기다림 없이 건네는 사랑
그 시작은 늘 조용하고
그 끝은 언제나 아름답다

지칠 땐 자연으로

마음이 무너질 듯 무거운 날엔
모든 것을 내려 놓고
나무가 있는 길로 걸어가 보세요

말없이 흐르는 강물 옆에 앉아
물결 따라 흘러가는
생각 하나, 눈물 둘
조용히 보내 보세요

바람은 아무 말 없이
등을 토닥이고
햇살은 지친 어깨 위에
따스이 손을 얹어 줍니다

풀잎 하나, 이슬방울 하나,
그 속에도 삶이 있음을
자연은 말없이 알려 줍니다

말로 위로하지 않아도
그저 함께 있어 주는 나무처럼
당신의 상처도
고요 속에서 천천히 아물어 갑니다

마음이 지칠 때는
세상이 아닌
자연에게 가 보세요
아무것도 묻지 않고
모든 것을 안아 줍니다

사르트르의 세계를 따라

태어남은 우연
그 이유를 묻는 건
이미 인간이기 때문이다

나는 던져졌다
이 세계 한가운데
목적도 없고 의미도 없이
그러나 나는 선택한다
나를, 그리고 나의 삶을

실존은 본질보다 앞서고
나는 매 순간
나 자신을 만들어 간다
어제의 나는 오늘의 내가 아니다

자유는 축복이 아닌
무거운 짐

내가 한 선택은
모두 나의 책임

그래서 나는 불안하다
그러나 그 불안 속에서
나는 비로소 인간이다
신 없는 세계
그러나 의미는 내가 만든다

저마다 자기 삶의 작가가 되어
쓴다
어떤 핑계도 없이
고독하지만
진실한 문장을

인간은 사랑으로 산다

인간은 이성으로 생각하고
의지로 행동하지만
이 모든 이면엔
사랑이라는 전제가 있다

사랑은 본능이 아니라
존재의 방향이다
"나는 사랑한다, 고로 존재한다"
말하지 않아도,
우리는 누군가에게 향해 있다

고립된 자아는 존재할 수 없다
타자와의 관계 속에서
자신을 발견하고, 자신을 넘어선다

사랑은
자기 초월의 통로이자

고통을 견디는 이유

우리는 사랑으로 아프고
사랑으로 회복되며
사랑으로 의미를 만든다

인간은 사랑으로 산다
왜냐하면
사랑 없이는
존재조차 설명되지 않기 때문이다

인생은 정답이 없습니다

인생은
시험지가 아닙니다
채점할 붉은 펜도,
정해진 모범답안도 없습니다

누군가는 울고 걷고
누군가는 웃으며 멈춥니다
길이 틀린 게 아니라
방향이 다른 것뿐입니다

때로는
돌아가는 길이 지름길이고,
넘어진 자리에
꽃이 피기도 합니다

정답이 없어 두렵지만
그래서 더 자유롭습니다

당신이 쓰는 그 하루가,
곧 당신만의 해답입니다

새벽은 어둠을 지나온다

별빛마저 숨죽인 밤
세상이 등을 돌린 듯
모든 길이 막혀 있는 순간에도
시간은 조용히 걷고 있다

숨소리조차 무거운 그때,
마음은 가장 깊은 골을 지나고
눈물은 이유 없이 차오른다

그러나,
바로 그 어둠의 끝자락에서
빛은 태어난다
가장 짙은 어둠을 딛고,
새벽은 조용히 문을 연다

그러니 잊지 말라,
이 고요한 절망의 시간도

희망이 숨 쉬는 품이라는 것을

너무 애쓰지 말아요

너무 애쓰지 말아요
물 흐르듯, 바람 가듯
당신이 아닌 것을
억지로 껴안지 않아도 괜찮아요

햇살은 굳이 밝으려 애쓰지 않고
꽃은 피고 싶은 날에 핍니다
당신도 그렇게 살아도 돼요
잠시 멈춰도, 흔들려도, 울어도 괜찮아요

세상이 말하는 '정답'은
당신을 위한 것이 아닐 수도 있어요
그러니 너무 노력하지 말아요
이미 있는 그대로 충분하니까요

마음은 '내' 것일까?

눈에 보이지 않는 마음은
타인의 말에 울리고, 침묵에 흔들리며,
과거의 기억을 미래의 걱정처럼 끌어다
지금이라는 시간을 무겁게 만든다

그러면서도 마음은
작은 온기 하나에 녹아내리고
한마디 말에 봄처럼 피어나는
참으로 연약하면서도
놀랍도록 견디는 힘을 가진 세계다

하지만
그 마음을 한 번도
나 혼자서 만들어 낸 적 없었다면
그건 온전한 '내' 것일까?

시련의 얼굴

시련은
막무가내로 찾아오는 손님이 아니다

때때로
내 안의 무너진 담장을 고치러 오고

때때로
보지 않던 거울을 들이민다

울게 하는 건
약해서가 아니라
버려야 할 것을 알려 주기 위해서고

멈추게 하는 건
실패가 아니라
길을 다시 묻는 신호다

모든 시련은 이유가 있다
지금은 몰라도
조금 지나면, 알게 된다

개똥철학

고독은 외롭지 않다
군중 속의 텅 빈 말보다
홀로 있는 사유가 깊다
내면을 들여다보라
거기 진짜 '나'가 있다

행복을 쫓지 말라
행복은 목적이 아니다
고통이 없는 순간의 이름이다
원하지 않음에서 평온은 자란다
욕망이 잦아들 때 자유가 깃든다

삶은 수업이다
배우지 못한 고통은
반복되어 우리를 가르친다
운명을 탓하지 말고, 이해하라
그것 또한 나이기에

타인에 기대지 말라
사랑받기보다 스스로를 사랑하라
인정받기보다 자신을 인정하라
자립하는 자만이 고요함 속에 선다
그리고 그 고요는 곧 지혜다

삶은 고통이지만, 그 안에 빛이 있다
수많은 날 중 단 하루라도
깊이 생각하고, 느끼고, 자각한다면
그 하루는 헛되지 않다
철학은 살아 있음을 증명하는 불꽃이다

치열하고도 찬란한 시기의 젊은이에게

가끔은
빨리 달려야 할 것 같고
모두가 너보다 앞서간다는 생각에
숨이 턱 막힐 때가 있지

괜찮아
속도보다 중요한 건
너만의 방향이란 걸
시간이 가르쳐 줄 거야

실수해도 좋아
무너져도 괜찮아
젊음은 원래
조금 서툴고 많이 부서지면서
자라는 거니까

세상이 너를 몰라줄 때조차

너는 너 자신을 믿어
그 누구도 아닌
네 안에 살아 숨 쉬는 꿈이
끝내 너를 이끌 거야

그러니
오늘은 마음껏 흔들려도 돼
바람이 분다는 건
네가 아직 앞으로 나아가고 있다는
증거니까

너는 혼자가 아니야
보이지 않는 마음들이
늘 너의 등을 조용히 감싸고 있어

오늘은 너무 무거워도 괜찮아
잠시 내려놓고 쉬어도 괜찮아
내일의 태양은
너를 다시 따스히 비춰 줄 거니까

체인점 창업

처음엔 작은 불빛이었지
어둠 속에서도 보이던
따뜻하고 또렷한 믿음 하나

그 빛을 따라
망설임 없이 걸었고
심장 깊은 곳에 이름을 새겼지

하지만
차가운 바람이 불더니
빛은 점점 흔들렸고
그 끝엔 그림자가 드리워졌어

너를 믿은 만큼
나를 잊게 되었고
기대만큼
무너짐도 커졌지

결국, 믿음은 무게를 견디지 못하고
산산이 부서졌어
그 아래 깔린 마음은
절망이라는 이름이더라

나는 아직도
그 조각들 위에 서 있어
아프지 않은 척,
괜찮은 척하며

인생의 오후

햇살은 여전히 부드럽고
바람은 더 깊은 이야기를 전해 준다
분주했던 아침을 지나
지금, 인생은 오후를 걷는다

기억은 차곡차곡 쌓여
마음속 서랍을 가득 채우고
떠나간 것들과 남은 것들이
조용히 마주 앉는다

젊음의 불꽃은 잦아들었지만
그 자리엔 잔잔한 온기가 남아
누군가를 품을 수 있는
넉넉한 품이 되었다

조급하지 않아도 좋다
빨리 가지 않아도 괜찮다

이제는 멈춰 서서
꽃 한 송이에도 눈길을 줄 수 있는 시간

인생의 오후
그건 끝이 아니라
더 깊이 사랑하고,
더 많이 이해하는 시간이다

존경받는 사람

그는 높은 곳에 서지 않는다
오히려 가장 낮은 자리에서
모두를 올려다본다

도와주되 지배하지 않으며
묻되 강요하지 않고
가르치되 스스로 일어나게 한다

그는 분노를 품되 해치지 않고
사랑을 주되 소유하지 않는다
슬픔을 안고도 웃을 줄 알며
기쁨 속에서도 자기를 잃지 않는다

그의 삶은
거대한 기적이 아닌,
작고 반복된 진실의 선택
시끄럽지 않아도 긴 울림을 남긴다

정리정돈의 미학

혼돈 속에 놓인 사물은
내면의 무질서를 반영한다

서랍 하나를 정리했을 뿐인데
마음속 먼지가 함께 털리고
엉킨 실타래를 푸는 손끝처럼
생각도 질서 있게 흐르기 시작한다

정리란 단순한 배치가 아니라
존재의 자리를 묻는 철학이다
무엇을 남기고
무엇을 떠나보낼 것인가

그 결정의 연속이 곧
삶의 방향을 만든다

눈물을 흘릴 줄 아는 사람이 되십시오

살며
가끔은 울 줄 아는 사람이 되십시오

돌도, 강도, 별도
울지 않습니다
그저 제자리를 지킬 뿐입니다

눈물은 감정의 낭비도
부끄러움도 아닙니다
사람다움입니다

꽃잎 하나 떨어지는 소리에
가슴 젖을 줄 알고
남의 아픔에도 자기 일처럼 아려 오는
그런 마음 하나
가슴에 품고 사십시오

세상은 견고한 이성을 찬미하지만
그 너머의 숨은 연민 없이는
어떤 정의도
온전하지 않습니다

눈물을 흘릴 줄 안다는 것은
남의 고통을
나의 고통으로 받아들이는
사람다움입니다

내가 변하면 세상이 변합니다

거울 속 세상은
내 표정 하나로 달라지고

창밖의 풍경도
내 마음에 따라 색이 바뀐다

세상은 언제나
나를 비추는
또 하나의 나일 뿐

내가 변하면
세상이 변합니다

정직은 손해처럼 보이지만

정직은 당장엔
이익이 멀어지고
손해 보는 선택처럼 보인다

그러나 정직은
시간이라는 재판정에서는
올바른 판결을 받는다

오늘의 손해는
내일의 신뢰로 이월되고,
신뢰는
모든 자본 중
가장 오래, 가장 깊게 남는다

가난한 대화

이해가 없는 대화는
말이 오가지만 의미는 허공을 맴돌고
눈길은 마주하지만
마음은 서로 스쳐 지나간다

관계는 교환이 아니라
공명이어야 한다
한쪽의 말만 울리고
한쪽의 마음만 닿지 않는다면
그 관계는 그림자에 불과하다

진정한 소통은
타인의 세계를 잠시 내 안으로 들이는 일
그 과정 없이 쌓이는 말들은
결국 인간관계를 가난하게 만든다

그물에 걸린 욕망

ⓒ 정병욱, 2025

초판 1쇄 발행 2025년 10월 17일

지은이	정병욱
펴낸이	이기봉
편집	좋은땅 편집팀
펴낸곳	도서출판 좋은땅
주소	서울특별시 마포구 양화로12길 26 지월드빌딩 (서교동 395-7)
전화	02)374-8616~7
팩스	02)374-8614
이메일	gworldbook@naver.com
홈페이지	www.g-world.co.kr

ISBN 979-11-388-4837-4 (03810)

- 가격은 뒤표지에 있습니다.
- 이 책은 저작권법에 의하여 보호를 받는 저작물이므로 무단 전재와 복제를 금합니다.
- 파본은 구입하신 서점에서 교환해 드립니다.